Halo Manteiga

Hakerek-na'in: Amy Tao
Ilustrasaun husi Romulo Reyes III

Library For All Ltd.

Halo Manteiga

Publikasaun dahuluk 2021

Publikadu husi Library For All Ltd
Email: info@libraryforall.org
Website: libraryforall.org

Livru ida-ne'e bele prodús tanba simu suporta laran-luak husi Education Cooperation Program.

Ilustrasaun husi Romulo Reyes III

Halo Manteiga
Tao, Amy
ISBN: 978-1-922621-63-4
SKU01972

Halo Manteiga

Oinsá halo manteiga?

Karik ó iha karau-baka ida,
ó sei hasai ninia susubeen
no husik hela susubeen ne'e
kalan tomak.

Bokur pedasuk ki'ik sira husi susubeen sei namlele sa'e hodi halo natas grossu. Ó sei hasai bokur pedasuk sira-ne'e atu kedok.

Prosesu kedok mak hafahe tiha kulit mihis husi pedasuk bokur sira-ne'e, nune'e bokur sira bele belit malu no — sai manteiga!

Laiha karau-baka?

Koko etapa tuirmai.

Buat ne'ebé ó presiza

Filtru kafé
Natas
Buli ki'ik ne'ebé bele taka metin
didi'ak
Berlindu

Etapa sira

1. Enxe buli nia metade ho natas, depois tau berlindu ba laran.

2. Asegura katak buli ne'e taka
   metin didi'ak, depois komesa
   doko buli ne'e. La presiza doko
   maka'as ka lailais, maizumenus
   doko dala ida iha segundu
   ida nia laran. Ó rona berlindu
   nia lian ka lae?

3. Depois minutu hira ninia laran, natas sei belit iha buli nia ninin sira. Doko nafatin.

4. Nafatin rona berlindu nia lian ka?

Hafoin doko tiha iha minutu 10 ka 15, ó sei la rona, tanba berlindu sei metin iha manteiga sólidu ninia klaran. (Se ó-nia buli boot, sei han tempu barak liután.)

5. Fui sai tiha been iha buli laran.
Been nee hanaran leitellu.

6. Hasai tiha berlindu, no suru
   manteiga ba iha filtru kafé
   nian ida. Buti sai hotu leitellu.
   (Karik ó lakohi han kedas ó-nia
   manteiga, solur uluk iha bee
   malirin nia laran.)

Han ho avontade.

Ó bele uza pergunta hirak-ne'e hodi ko'alia kona-ba livru ne'e ho ó-nia família, belun sira no mestre sira.

Ó aprende saida husi livru ne'e?

Ho liafuan ida ka rua deskreve livru ne'e. Kómiku? Halo ta'uk? Halo kontente? Interesante?

Ó sente oinsá bainhira ó lee hotu tiha livru ne'e?

Parte ida ne'ebé mak ó gosta liuhosi livru ne'e?

Kona-ba kontribuidór sira

Library For All servisu hamutuk ho hakerek-na'in no artista sira husi mundu tomak atu dezenvolve istória ne'ebé relevante, kualidade di'ak no kona-ba tópiku oioin. Ami halo istória hirak-ne'e ba lee-na'in labarik no joven sira.

Vizita website libraryforall.org atu hetan informasaun atuál kona-ba ami-nia workshop ba hakerek-na'in, informasaun kona-ba oinsá atu submete livru ba publikasaun, no oportunidade kriativu seluk.

Ó gosta livru ne'e?

Ami iha istória orijinál atus ba atus ne'ebé ita bele lee.

Ami servisu hamutuk ho hakerek-na'in lokál sira, edukadór sira, konsellu kultura nian, Governu no ONG sira atu lori ksolok lee ba labarik sira iha fatin ne'ebé de'it.

Ó hatene?

Ami kria impaktu globál iha área hirak-ne'e tanba ami servisu tuir Objetivu Dezenvolvimentu Sustentavel Nasoens Unidas nian.

librayforall.org